SERIE

TRANSFORMACIÓN DIGITAL

BASADA EN LA IMPLEMENTACIÓN DE
TECNOLOGÍAS BIG DATA & MODELOS DE MACHINE LEARNING

(Edición en Español)

MACHINE LEARNING

KEY MODELS vs RETURN ON EQUITY

José Luis CUBERO-SOMED

bigdatamy.com

Serie | Transformación Digital
MACHINE LEARNING:
KEY MODELS vs RETURN ON EQUITY
Edición en Español

1ª Edición: agosto de 2020
© 20020, José Luis CUBERO-SOMED

Autor: José Luis CUBERO-SOMED
Diseño de portada: Ana María CUBERO-CUTANDA

ASIN: B08FBBM1J9
ISBN: 9798558042658

PRESENTACIÓN

Guía rápida para saber cuales son los principales modelos de Machine Learning a implementar en la Transformación Digital de una empresa.

¿Por qué este libro?

Habitualmente desarrollamos procesos de Big Data Analytics en los que se implementa un único modelo para dar solución a un problema concreto planteado. Por lo que me ha parecido adecuado editar este libro, para dar una visión de cómo ha de afrontarse un procesos de Transformación Digital completo, en el que se deben implementar modelos en todas la áreas de actividad de la empresa y, por tanto, se hace necesario saber cuales son los principales modelos de Machine Learning a implementar en cada caso.

¿A quién le puede ser útil?[1]

De modo preferente, este libro puede ser muy útil para CDOs, CTOs, Data Scientists o Project Managers que necesiten tener una visión completa de cuáles son los principales modelos de Machine Learning que permiten llevar a cabo un proceso de Transformación Digital de una empresa.

---

[1] No obstante, también podría ser de utilidad para aquellos profesionales, CEOs, Financieros o Directivos, ... y Estudiantes, que les interese conocer de un modo sencillo, pero no por ello menos riguroso, la conexión existente entre los modelos de Machine Learning y la Estructura Financiera de la empresa.

¿Qué te puede aportar su lectura?

Como profesional interesado en la Industria 4.0 y su Transformación Digital, la lectura de este libro te permitirá saber cuales son los principales modelos de Machine Learning que se han de implementar para la Transformación Digital de una empresa y la incidencia que tienen estos modelos en su Estructura Financiera y en su Entorno.

Temo el día en el que la tecnología sobrepase nuestra humanidad. El mundo sólo tendrá una generación de idiotas.

Albert Einstein

CONTENIDO

Anexos

INTRODUCCIÓN DEL AUTOR

Durante mucho tiempo trabajé desarrollando proyectos en los que la modelización se correspondía con la implementación de un único modelo de **Machine Learning**[2], el cual daba solución a un problema determinado. Pero, tarde o temprano, se suele dar la circunstancia de que lo que hay que llevar a cabo es la Transformación Digital de una empresa en su conjunto.

Si bien en el primer caso, cuando se trata de un único modelo, los conocimientos que se exigen se suelen corresponder con lo tratado en el libro 1 de esta serie, referente a un proceso de Big Data Analytics, en este otro caso, en el que hemos de realizar la Transformación Digital completa de una empresa, nos vemos obligados a entender cómo funciona analíticamente un negocio. Esto es así, puesto que los modelos que se pudieran plantear en este caso, corresponderían a diferentes áreas de actividad de la empresa y, por consi-

---

[2] Consiste en una serie de técnicas que permiten a los sistemas informáticos predecir, clasificar, ordenar, tomar decisiones y, en general, extraer conocimientos de los datos sin necesidad de definir explícitamente las reglas para realizar esas tareas.

guiente, dichas áreas suelen están relacionadas con indicadores que permiten, a los técnicos en primera instancia y a
los directivos posteriormente, tomar decisiones en base ellos,
por lo que la agregación de dichos indicadores generarán la
Pirámide de Ratios Financieros[3] en la que se basa la Direc-
ción o Gerencia de la empresa para la **Toma de Decisiones**[4].
Dicho esto, vemos como hay una relación muy estrecha entre
la Pirámide de Ratios Financieros de la compañía y la sinergia
que aportan los modelos al considerar su implementación de
forma estratégica. Circunstancia ésta, que nos obliga a dar
un salto cualitativo muy importante por el hecho de pasar de
implementar un único modelo para dar una solución puntual
a un objetivo planteado, a tener que implementar modelos
con una visión estratégica que afecta a todo la compañía u
organización.

Esta es una de la situaciones a las que, como ya he comen-
tado con anterioridad, uno tarde o temprano se ha de enfrentar. En mi caso, como suele ser habitual, una de las empresas en las que trabajaba como consultor, había visto el potencial de un modelo que se había implementado, y la direc-
ción, viendo la mejora que se obtuvo, quiso extender la modelización a todos los ámbitos de la empresa, por lo que tuve

---

[3] Ésta parte de la **Rentabilidad Financiera** y va descomponiéndose en
otros ratios y grupos de ratios a partir de dicha rentabilidad.

[4] Se trata del proceso mediante el cual se realiza una elección entre
distintas opciones para resolver diferentes situaciones que se puedan
dar.

que afrontar, junto con mis compañeros, ese nuevo reto. Lo que más me ayudó fue el hecho de que había cursado un *MSc in Finance*, el cual me permitía tener una visión en profundidad de la estructura financiera de la empresa que, junto a mi conocimiento en materia de modelización, me permitió poder conectar ambos campos, dando así una solución, a priori, al reto planteado. Gracias a estos conocimientos podía saber cuales son los Ratios clave que la empresa necesita optimizar para maximizar el beneficio, o en su defecto, la **Rentabilidad Financiera** —ROE[5]—. No olvidemos que el objetivo último de la empresa es rentabilizar la inversión aportada por los accionistas.

De este modo, pude, en función de los Ratios Financieros de la empresa, definir, en cada área de actividad relacionada con sendos ratios, los modelos de Machine Learning que permitieran su control y, por ende, su optimización.

De hecho, uno de los mayores retos que encontré a la hora de afrontar la Transformación Digital de esta empresa, fue el hecho de que no había documentación o bibliografía que me permitiese enfocar el problema desde un punto de vista del Análisis Financiero, tal y como yo entendía que debía de hacerse, siendo ésta una de las principales motivaciones que me han llevado a publicar esta serie de cuatro libros sobre la Transformación Digital.

---

[5] **Return On Equity**: corresponde a la **Rentabilidad Financiera**; es decir el Beneficio Neto dividido por el Patrimonio Neto de la empresa. Su maximización es el objetivo último perseguido por sus accionistas.

No obstante, en este segundo libro de la Serie, pongo a disposición del lector la metodología que he desarrollado, en relación a la modelización de una empresa en su conjunto, al objeto de que éste pueda entender cómo funciona analíticamente una empresa y sepa qué modelos de Machine Learning han de ser implementados, bien sea para la gestión de su interacción con el **Entorno**, como para la gestión de su **Estructura Interna**.

Espero que este trabajo, en el que he puesto ilusión, esfuerzo y empeño, sea de tu utilidad y te ayude a comprender, no sólo como funciona analíticamente una empresa y qué modelos han de implementarse para su Transformación Digital, si no que, por otra parte, espero que el adquirir estos conocimientos te permita enfocarte mejor hacia el futuro que viene.

José Luis CUBERO-SOMED

PREÁMBULO

MACHINE LEARNING→RETURN ON EQUITY

Una de las cuestiones fundamentales a tener en cuenta a la hora de realizar un Transformación Digital, basada en la implementación de tecnologías Big Data y modelos de Machine Learning, es tener una visión analítica del funcionamiento de una empresa, o cualquier otra organización, si éste fuese el caso. Dicho esto, de aquí en adelante nos enfocaremos en desarrollar los análisis aplicándolos a la empresa, dejando al lector la extrapolación a otras organizaciones que crea convenientes. Esta visión analítica de la empresa, se ha de enfocar desde el punto de vista de los principales ratios que la definen. De este modo, si conocemos dichos ratios, se podrá dirigir todo el proceso de Transformación Digital a optimizarlos, con el objetivo final de obtener la mayor rentabilidad posible par sus accionistas. Considerando esta rentabilidad mencionada, como la Rentabilidad Financiera, en inglés **Return On Equity (ROE)**, la cual también se define como la relación entre el Beneficio Neto y el Patrimonio Neto de la empresa.

Para comprender conceptualmente cómo se estructura la Rentabilidad Financiera (ROE); tomemos por ejemplo un empresario que invierte 100 unidades monetarias —éste sería el equivalente al Patrimonio Neto de la empresa—; sí al final del ciclo económico el Balance arroja un Beneficio Neto de 20 unidades monetarias, se habría obtenido una Rentabilidad Financiera del 20%. Siendo la maximización de este ratio lo que espera el Inversor y da sentido al negocio. Este enfoque nos viene a decir, que todo el esfuerzo que se hace en una empresa, tanto desde el punto de vista humano como del uso de los recursos materiales de los que dispone, van encaminados, consciente o inconscientemente, a la maximización[6] de su Rentabilidad Financiera (ROE). En tal caso, la tecnología Big Data y los modelos de Machine Learning no dejan de ser un recurso más de los que la empresa puede hacer uso para, una vez implementados en las áreas de actividad adecuadas, maximizar su ROE. Por tanto, a lo largo de todo este libro, trataré de exponer cuales son los modelos de Machine Learning más habituales a implementar, según el área la actividad de la empresa de que se trate. Buscando dar una visión de conjunto, que permita al lector tener un mapa conceptual con una perspectiva empresarial y, a su vez, entender cómo los modelos se vinculan al negocio a través de los ratios que optimizan.

---

[6] Cuando pensamos en maximizar el Beneficio Neto, implícitamente implica la maximización de la Rentabilidad Financiera:
- **ROE** = [Beneficio Neto/ Patrimonio Neto].

KEY MODELS vs ROE

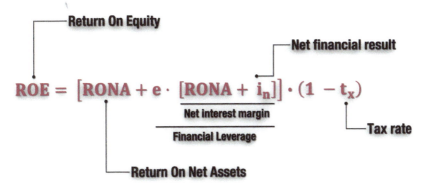

Return On Equity

Net financial result

$$ROE = \left[RONA + e \cdot \left[RONA + i_n\right]\right] \cdot (1 - t_x)$$

Net interest margin

Financial Leverage

Tax rate

Return On Net Assets

RENTABILIDAD FINANCIERA (Return On Equity | ROE). RONA: Rentabilidad Económica (Return On Net Assets). Financial Leverage: Apalancamiento Financiero → Margen Financiero multiplicado por el Ratio de Endeudamiento (e). Net Interest Margin: Margen Financiero → Suma de la Rentabilidad Económica (RONA) y el Resultado Financiero Neto.

Como primer paso para entender cuales son los modelos clave a implementar en una empresa, se deberá comprender primero cómo se obtiene la Rentabilidad Financiera (ROE). Y esto lo haremos a través de la fórmula mostrada en la figura anterior. En ella se puede observar cómo el ROE se descompone en dos sumandos:

- El primero de ellos, corresponde a la Rentabilidad Económica —RONA[7]—: y se trata de la rentabilidad que obtiene la empresa debido a su actividad. Dicho de modo descriptivo, ésta sería la rentabilidad que se obtiene como consecuencia del trabajo realizado para la producción y venta de productos o servicios.

---

[7] Return On Net Assets.

- **Mientras que el segundo, se corresponde con el Apalancamiento Financiero**: que está formado por el sumatorio de la Rentabilidad Económica y el Margen Financiero, en %. Siendo, a su vez, éste, corregido por el Ratio de Endeudamiento. El Apalancamiento Financiero, también en modo descriptivo, viene a ser la parte de la Rentabilidad Financiera que la empresa obtiene a través de la gestión interna. Es, generalmente, negativo, cuando la empresa está endeudada o, positivo, cuando re-invierte sus Excedentes de Tesorería y obtiene intereses por ello.

Por último, la Rentabilidad Financiera, siempre se ve afectada por las Tasas Impositivas, como nos indica el paréntesis final de la fórmula.

Llegados a este punto, debemos tratar cada componente del ROE por separado, para comprender cómo se obtienen y ver qué tipo de modelos de Machine Learning son los más adecuados para maximizarlos:

- De un lado, se tratarán de implementar **modelos relacionados con la actividad operativa de la empresa** y, por tanto, con incidencia directa en la Rentabilidad Económica (RONA). Siendo ésta, en gran medida, una **modelización vinculada con el ENTORNO** en el que se desenvuelve la empresa.

- Mientras que, por otro lado, los **modelos a implementar estarán relacionados con la gestión interna la empresa**, lo que implicará, que serán modelos que influirán, en mayor o menor medida, en el sumando correspondiente a su

Apalancamiento Financiero. En este caso, se trata de una modelización vinculada con la ESTRUCTURA INTERNA de la empresa.

Este planteamiento, nos lleva a desarrollar el contenido en cuatro temas principales, los cuales conforman los siguientes capítulos:

- MODELIZACIÓN DEL ENTORNO: este capítulo, se centra en el desarrollo del concepto de Rentabilidad Económica (RONA). Puesto que esta magnitud permite describir, de un modo analítico, el Posicionamiento de la empresa respecto de sus competidores. De este modo, comprenderemos mejor que tipo de modelos de Machine Learning tendrán una incidencia directa sobre la relación de la empresa con su Entorno.

- KEY ML MODELS → ENTORNO: en este capítulo, se propondrán los principales modelos de Machine Learning relacionados con la Rentabilidad Económica, y que, por tanto, inciden en el Posicionamiento de la empresa.

- MODELIZACIÓN DE LA ESTRUCTURA INTERNA: este capítulo, se centra en mostrar al lector cómo funciona analíticamente una empresa. Al objeto de conocer qué modelos de Machine Learning permitirán controlar su Apalancamiento Financiero.

- KEY ML MODELS → FINANCIAL LEVERAGE: en este último capítulo, se propondrán los principales modelos de Machine Learning que tienen una incidencia directa sobre el Apalancamiento Financiero. Modelos que permitirán tener una mayor control sobre el Equilibrio Financiero de la empresa.

A partir de estos contenidos, el lector podrá comprender mejor cuales son los modelos clave que permiten maximizarla la rentabilidad de la empresa, tanto en la parte operativa como en la parte relacionada con la gestión interna. Además, el lector también podrá observar el cambio de paradigma que se producirá en los procedimientos de Toma de Decisiones, como consecuencia de la implementación de Modelos de Machine Learning. Puesto que, debido a la modelización, se tomarán decisiones preventivas, anticipadas a los eventos, e incluso con carácter proactivo; Frente a la medidas correctoras, como consecuencia de eventos ya pasados, que es, habitualmente, lo que se suele hacer cuando no se tiene implementados modelos de Machine Learning.

ENTORNO DE LA EMPRESA

MODELIZACIÓN DEL ENTORNO

La **Rentabilidad Económica (RONA)**, está estrechamente relacionada con la interacción que tiene la empresa con su **Entorno**. La descomposición de ésta, en Margen y Rotación, permitirá, a través de la modelización en Machine Learning, definir estrategias de posicionamiento respecto de la competencia.

RENTABILIDAD ECONÓMICA

La Rentabilidad Económica, cuyo acrónimo en inglés es ROCE[8] o, también, RONA[9], se define como la relación entre el Beneficio Antes de Intereses e Impuestos (BAII), cuya nomenclatura en inglés es EBIT[10], y el Activo Neto de la empresa, en inglés, Net Assets. Entendiendo por Activo Neto, el Activo Total de la compañía, una vez deducido del mismo lo que se debe a Proveedores y Acreedores, denominándose a este conjunto de masas patrimoniales como Financiación Espontánea[11].

Técnicamente, la Rentabilidad Económica mide el rendimiento generado por la inversión sin tener en cuenta la estructura financiera de la empresa.

---

[8] **Return On Capital Employed.**

[9] Recordemos: **Return On Net Assets.**

[10] **Earnings Before Interest and Taxes.**

[11] Es decir: [Activo Total − Financiación Espontánea] = Activo Neto.

Ahora bien, si al ratio, EBIT/Net Assets, se le multiplica y divide a la vez por los Ingresos por ventas del periodo, por tanto, sin modificación alguna de su valor, se produce una descomposición de la Rentabilidad Económica (RONA), en Margen sobre Ventas, en adelante **Margen**, y Rotación de la Inversión, en adelante **Rotación**.

Margen

Se trata de la relación entre el EBIT y los Ingresos por ventas del periodo. Este nuevo ratio estima la productividad de los ingresos para generar beneficios.

Rotación

Al este cociente, entre los Ingresos por ventas y el Activo Neto de la compañía, se le denomina Rotación. Dicho de otro modo, es un parámetro que indica la eficiencia de la utilidad de la inversión.

Posicionamiento

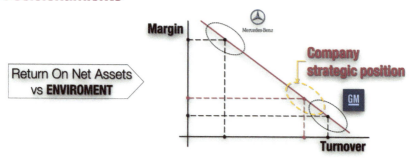

ANÁLISIS DEL ENTORNO DE LA EMPRESA. Ordenadas (eje, x): se representa la Rotación de la inversión (Turnover), Abscisas (eje, y): queda representado el Margen sobre ventas (Margin). Un posicionamiento a lo largo de toda la recta de color rojo implica la misma Rentabilidad Económica (RONA).

Entenderemos como Posicionamiento, a la posición relativa que ocupa la empresa, o sus productos, con respecto a sus competidores, dentro de un Entorno.

En tal caso, el componente analítico que relaciona a la empresa con dicho Entorno es la Rentabilidad Económica. Dicho lo cual, al tratarse de una magnitud, permitirá su análisis cuantitativo y, por tanto, por medio de la modelización en Machine Learning, se logrará tener un control relativo de la interacción de la empresa con su Entorno y, por ende, con su competencia.

Veamos las posibilidades que ofrece el análisis de la Rentabilidad Económica, por medio de un ejemplo conceptual, para observar cómo la modelización puede adquirir ese rol de control sobre la interacción de la empresa con su Entorno.

Puesto que la Rentabilidad Económica, se corresponde en el producto del Margen por la Rotación. Es evidente, que realizado modificaciones en el precio de venta, se producirán también cambios en estas dos magnitudes, sin que se modifique la Rentabilidad Económica. Es decir:

- Un Margen elevado se puede conseguir, por ejemplo, aplicando un aumento en el precio de venta. Lo que, debido a la elasticidad precio versus demanda, producirá una disminución de las ventas y, por ende, de la Rotación.

- Una Rotación elevada se puede alcanzar, por ejemplo, reduciendo el precio de venta, con la consiguiente reducción del Margen.

Para comprender mejor el impacto que tiene una modificación de los precios de venta sobre el Margen y la Rotación,
podremos analizar, en tal caso, cómo se relacionan entre sí, y
con el Entorno, dos compañías que compiten en el mismo
sector.

- Tomemos como ejemplo, dentro del sector el automóvil, la
  Mercedes Benz[12]: y veamos, en el gráfico anterior, cómo
  esta compañía vende, relativamente, pocas unidades, a un
  Margen alto.

- Mientas que si representamos la GM[13]: observamos cómo
  ésta vende más unidades, en el mismo periodo, pero a un
  Margen menor.

Y cómo ambas están posicionadas sobre la misma recta,
podemos afirmar que las dos obtienen la misma Rentabilidad
Económica (RONA). Por tanto, se diferencian en el segmento
de mercado que compra sus vehículos, representado, a
modo simplificado, por las elipses respectivas.

De este modo, si quisiéramos competir en este mercado,
deberíamos situar a la compañía en un segmento con la mí-
nima competencia respecto a las demás, por ejemplo, teóri-
camente, en el lugar que nos indica la flecha y su correspondiente elipse.

Ahora bien, para poder situar la compañía en esa posición,
se hace necesario analizar los datos relacionados con el En-

---

[12] https://www.mercedes-benz.com/

[13] https://www.gm.com/

torno (relativos a: competencia, clientes, estacionalidad, marca, producto, etc.). Y es ahí, donde entran en juego los modelos de Machine Learning que nos pueden ayudar a Posicionar la compañía, como veremos más adelante en el siguiente capítulo.

"Mediante la implementación modelos de Machine Learning, que permitan optimizar el binomio {Margen, Rotación}, la empresa conseguirá tener un mayor control de su Posicionamiento[14], en relación a sus competidores".

---

[14] El **Posicionamiento**, en mercadotecnia, es una estrategia comercial que pretende conseguir que un producto o marca ocupe un lugar distintivo, relativo a la competencia, en la mente del consumidor.

KEY ML MODELS→ENTORNO

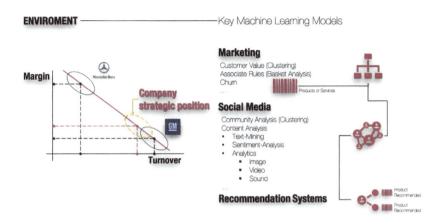

ENTORNO. Marketing: Key Models → Clientes registrados en la base de datos de la compañía. **Social Media**: Key Models → Clientes potenciales, usuarios de Redes Sociales. **Sistemas de Recomendación**: Key Models → Venta cruzada, recomendaciones en tiempo real.

Los modelos de Machine Learning claves en el control de la interacción de la empresa con su **Entorno**, se implementarán en la áreas relacionadas con los paradigmas[15] de Marketing, Social Media y Sistemas de Recomendación. Estos paradigmas son los más estrechamente relacionados con el **Posicionamiento**, puesto que influyen directamente en la Demanda y, por consiguiente, en el Margen y la Rotación.

---

[15] Modelo de trabajo o patrón compartido por una comunidad, en la que se comparten conceptos básicos, procedimientos, etc. para alcanzar un fin concreto.

ENTORNO

Los modelos que inciden en el Entorno, sin perjuicio de otros que se puedan considerar, se suelen clasificar en cuatro ámbitos. Correspondiendo con los siguientes objetivos:

- **Fidelización**: este objetivo, pretende mantener a los clientes, que ya están en la base de datos de la compañía, alejados de la competencia. Recomendado, para la consecución de este tipo de objetivos, el denominado cómo **Customer Value Model**. Concepto que puede englobar distintos modelos de clustering, pudiéndose realizar, mediante **Reglas de Asociación** de los productos, un análisis de las cestas de la compra vinculadas a sendos clústeres.

- **Captación**: en este caso se tiene como objetivo, incorporar a la base de datos de la compañía clientes potenciales fidelizados en la competencia. Para ello, lo más recomendable es la implementación de un conjunto de técnicas denominadas **SMA**[16]. Desarrollando este tipo de análisis con datos procedentes de Internet. Fundamentalmente por medio de la Redes Sociales.

- **Valor añadido**: el objetivo en este caso, es aumentar el valor del cliente mediante la venta cruzada de productos. Para ello, se recomienda, partiendo de las Reglas de Asociación, la implementación de **Sistemas de Recomendación** de productos o servicios.

_____

[16] Acrónimo del inglés **Social Media Analysis**.

- Recuperación: se trata de recuperar aquellos clientes que han abandonado la empresa para irse a la competencia o, en su defecto, conocer los motivos que les han llevado tomar esa decisión. En este caso, es recomendable implementar un método de análisis denominado **Churn model**.

Evidentemente, toda la información analítica generada por la implementación de los modelos propuestos es complementaria, lo que da lugar a una sinergia muy importante.

MARKETING (MERCADOTECNIA)

Desde un punto de vista de la Ciencia de Datos, se enfoca el Marketing como un conjunto de técnicas matemáticas o estadísticas que, una vez implementadas en la empresa, inciden, en última instancia, en un aumento de la demanda. Siendo la materia que engloba dichas técnicas definida como Mercadotecnia[17].

Siguiendo con la visión de la Ciencia de Datos, podemos deducir que la modelización en Machine Learning, cuando la aplicamos en aquellos ámbitos relacionados con el entorno de la empresa, conforma, en sí misma, un conjunto de técnicas de Mercadotecnia. En tal caso, una vez descrita la relación existente entre la Mercadotecnia y la modelización en Machine Learning, pasaré a proponer los principales modelos que pueden ayudar a la empresa a mejorar su posicionamiento competitivo.

---

[17] https://es.wikipedia.org/wiki/Mercadotecnia

Customer Value Model (Clustering)

De forma masiva las personas seguimos comportamientos de compra con unos patrones fundamentales, adaptándonos a un modelo, que, en su versión simplificada, se le denomina como modelo **RFM [Recency, Frequency & Monetary]**[18]:

- **Recency**: se trata del tiempo que una persona tarda en volver, por ejemplo, a comprar en una tienda o web, desde la última vez que lo hizo. La Recencia siempre se mide en unidad de tiempo.

- **Frequency**: se corresponde con el número de veces que una persona realiza una compra en una tienda o una visita una web, etc., en un periodo determinado. Pudendo ser este parámetro una frecuencia por día, mes, semana, año, etc.

- **Monetary**: es la cantidad de unidades monetarias que una persona gasta en adquirir un producto o servicio. Se puede medir en valor absoluto o en valor relativo, como una frecuencia por día, semana, mes, año, …, pero en este caso con carácter monetario.

Además de estas variables, que forman el modelo RFM, es obvio que se le pueden añadir otras para enriquecerlo, como pueden ser el sexo de la persona, la edad, el código postal, etc., siendo el modelo de Machine Learning el que decidirá cuáles de ellas terminarán formando parte del modelo.

---

[18] https://en.wikipedia.org/wiki/RFM_(market_research)

Una vez tenemos definido el modelo RFM, con los datos de los clientes, se procederá a la modelización en Machine Learning. Proponiendo, para estos casos, un **Árbol de Regresión** con Variable Dependiente, por ejemplo, Monetary; y, por consiguiente, como Variables Independientes, el resto.

Habiendo sido implementado el Árbol de Regresión, con la precisión esperada, éste produce una clusterización de los clientes, en el que cada uno de los clústeres se corresponde con un grupo de clientes con un mismo comportamiento de compra.

Consecuentemente, atendiendo al comportamiento de compra de sendos grupos de clientes, se podrán definir **estrategias de Marketing a corto plazo**, en las que se suelen realizar promociones:

- Por ejemplo, si un clúster en cuestión tiene riesgo de no mantener su frecuencia esperada, se podrá realizar una promoción del tipo; "si viene usted antes del 30 de junio, obtendrá un descuento del 20% en el producto A".

- O, en otro caso, si un clúster presenta riesgo de no cumplir con un determinado monetary, se podría hacer una promoción del tipo; "si compra usted el producto A, le hacemos un descuento del 30% en el producto B".

Por otra parte, el Árbol de Regresión también produce una jerarquización entre los clústeres que, ordenados de izquierda a derecha, o lo que es los mismo, de mayor a menor Monetary, nos permitirá clasificar a los clientes, ayudados por el análisis de la cesta de la compra asociada a cada clúster, de tal manera que permita a la empresa definir **estrategias de marketing a largo plazo**. De este modo los clientes podrán ser clasificados en:

- **Fidelizados a la marca**: sus clústeres se sitúan a la derecha del Árbol de Regresión y, como veremos más adelante, en su cesta de la compra están presentes todos los productos principales que oferta la empresa.

- **Fidelizados a producto**: sus clústeres se sitúan en el centro del Árbol de Regresión y se caracterizan por tener una cesta de la compra con, al menos, uno de los productos principales de la empresa.

- **Fidelizados en la competencia**: son clústeres que se sitúan a la izquierda del Árbol de Regresión y, aunque se trata de clientes que están registrados en la base de datos de la empresa, realizan las compras de productos principales en la competencia.

Mediante esta **jerarquización**[19], se puede definir un **estrategia a largo plazo**, al objeto de mover los clientes de la izquierda hacia la derecha, dentro del Árbol de Regresión, hasta alcanzar la fidelización a la marca.

Mientras que, con la **clusterización** propiamente dicha, las **estrategias a corto plazo** permitirán frenar el desplazamiento de los clientes, desde la derecha hacia la izquierda, en el Ár-

---

[19] Implica clasificar de acuerdo a rangos o categorías. En este caso la clasificación se realiza en función del nivel de fidelización de los clientes registrados en la Base de Datos de la empresa.

bol de Regresión, evitando así la pérdida de valor de los clientes.

Reglas de Asociación (Basket Analysis)

El análisis de la Cesta de la Compra, mediante el uso de Reglas de Asociación, permitirá generar un grafo con los consiguientes patrones definidos. Estos patrones, según la **estructura geométrica**[20] que presentan, son los que permiten determinar el grado de fidelización de los clientes.

- De este modo, si un clúster tiene una **cesta de la compra con todos los productos principales**, será definido como un grupo de clientes **fidelizados a la marca**.

- Por otra parte, si un clúster tiene en su **cesta de la compra, al menos un producto principal**, tendrán la consideración de grupo de clientes **fidelizados a producto**.

- En última instancia, si un clúster tiene una **cesta de la compra con ausencia de productos principales**, se trataría de un grupo de clientes **fidelizados en la competencia**.

En consecuencia, la implementación de estas técnicas, que permiten analizar la cesta de la compra de cada uno de los clústeres generados por el Árbol de Regresión, son en las que se apoya el Customer Value Model para programar las

---

[20] Esta estructura que está estrechamente relacionada con el número de productos principales que se incluyen en la cestas de la compra de sendos clústeres. Por lo que el número de productos principales, que presente la estructura de sendos clústeres, determinará el grado de fidelización de ese grupo de clientes.

estrategias de Marketing a corto y largo plazo, tal y como se ha expuesto en el apartado anterior.

Churn Model (Análisis del Abandono)

Conocer las razones por las que un cliente abandona la empresa para irse a la competencia, siempre es una fuente de mejora continua para ésta. De ahí la necesidad de implementar modelos de Machine Learning, con etiquetado binario, del tipo **Churn Model**.

Estos modelos se caracterizan por el etiquetado binario, que consiste en asignar un 1 a los clientes que han abandonado la empresa y un 0 a los clientes que todavía permanecen en ella. Este modelo podrá descubrir, a través de la significación de sus variables dependientes, cuales son la causas reales del abandono de los cliente en favor de la competencia.

Por último, decir que el conjunto de clientes etiquetados como 1 (abandono), se corresponderá con el clúster situado más a la izquierda del Árbol de Regresión, que se ha tomado como ejemplo para el desarrollo de este capítulo.

SOCIAL MEDIA

Es evidente que la empresa, siguiendo las pautas marcadas para los clientes que tiene registrados en su base de datos, necesita tratar de fidelizar al mayor número posible de ellos y, además, realizar la captación de nuevos clientes.

Cabría destacar, que el hecho de tener implementado el Customer Value Model permite conocer, por medio de la clusterización, no sólo el comportamiento de compra de los clientes que conforman cada clúster, si no, también, el perfil de cada uno de ellos. De este modo, se pueden usar los perfiles de los clientes para buscar en las redes sociales usuarios con el mismo perfil y llevar a cabo estrategias de Marketing. Fundamentalmente para captación de clientes potenciales, sin perjuicio de desarrollar otro tipo de estrategias, como puedan ser de posicionamiento de marca, producto, etc.

Como consecuencia de lo expuesto en el párrafo anterior, se hará necesario desarrollar técnicas de clusterización en la redes sociales, para conectar grupos de personas, con intereses comunes, con los perfiles que haya determinado la clusterización del Customer Value Model. Para ello, se propone realizar, en las redes sociales que se considere adecuado, un **Análisis de Comunidades** y, dentro de cada comunidad, implementar técnicas de **Análisis de Contenido**, principalmente texto y otros contenidos multimedia que se publiquen por parte de los usuarios.

Análisis de Comunidades (Clustering)

Para desarrollar este apartado, tomaremos como ejemplo, que a la empresa le interesa monitorizar la red social Twitter. Evidentemente, lo expuesto aquí es extrapolable a otras redes sociales.

Imaginemos que la empresa estuviese interesada en captar nuevos clientes que consumen el producto, "sombra-de-ojos-azul", y que su perfil es, "femenino-edad:25-30". Puesto que este es el perfil que tiene el clúster a estudio y que lo conforman los clientes que consumen este tipo de producto. Por otra parte, se sabe que el producto está relacionado con el hashtag, #SombraDeOjos.

Pues bien, aplicando sobre los tweets que tienen el hashtag #SombraDeOjos un **Algoritmo de Modularidad**, se obtienen comunidades de usuarios con intereses comunes. Estas comunidades son equivalentes a los clústeres en el Customer Value Model, lo que implica que se puede determinar qué comunidades tienen un perfil mayoritariamente femenino y de edades comprendidas entre veinticinco y treinta años.

De este modo, sobre las comunidades que cumplan con el este perfil, se harán las acciones de Marketing que corresponda. Y sobre los contenidos, que se generen en dichas comunidades seleccionadas, se realizará el correspondiente análisis.

Por otra parte, si sobre las comunidades seleccionadas se aplica un **Algoritmo de Autoridad**, se podrá determinar qué usuario es un **Influencer** en la misma. Lo que puede tener como consecuencia la contratación de este usuario como parte de la estrategia.

Complementariamente al algoritmo de autoridad, también se puede aplicar, a la comunidad o comunidades seleccionadas, un **Algoritmo de Centralidad**, que permita conocer qué cuentas de usuario facilitarán la difusión de la campaña de Marketing, actuando como **Brokers**, al objeto de contratarlas, si procede, para tal fin.

Es evidente, que estas técnicas de Machine Learning son aplicables a todas las redes sociales, eso sí, cada una con su modo de acceso a la información. No obstante, me gustaría añadir, que lo expuesto hasta ahora sobre estos tipos de análisis, no deja de ser un mera introducción para mostrar el potencial que tienen estas técnicas en la realización de posicionamientos de marca o producto, gestión de crisis, monitorización de la competencia y nuevas tendencias, entre otras muchas aplicaciones.

Análisis de Contenido

Toda comunidad que se conforme en la redes sociales como consecuencia de la participación de los usuarios, por ejemplo, en torno a un hashtag, genera a sus vez un contenido, bien sea en formato de texto o como contenido multimedia. Siendo el análisis de este contenido la base que da soporte a las acciones de Marketing que se llevarán a cabo, definidas a partir del Análisis de Comunidades.

Para comprender mejor cómo el Análisis de Contenido puede ayudar a la empresa a conectar con los clientes potenciales, a través de la acciones de Marketing, pasaremos a exponer los diferentes tipos de análisis que se pueden realizar, según la estructura del contenido.

Text Mining: es una metodología de Machine Learning, que se sustenta en el concepto de **tokenización** de palabras. Esta metodología se basa en seleccionar la palabras de un texto, excluidas las que no tienen un significado semántico, conformando con ellas una matriz de frecuencias, en función del número de veces que aparece cada palabra en los textos de referencia. A partir de esta matriz de datos se descubren patrones repetitivos, tendencias o reglas que explican el comportamiento del texto.

Una vez obtenida dicha información analítica, se pueden conformar textos, de forma que utilicen la misma jerga y estructura gramatical que la que tienen los usuarios del clúster al que van dirigidas la acciones de Marketing.

Multimedia Analysis: en este caso, el análisis se centra en el contenido en formato de video, imagen y sonido que se genera en las conversaciones de un clúster determinado.

Pues bien, tanto para video, imagen como sonido, se pueden implementar técnicas de Machine Learning que transforman este tipo de contenidos en matrices numéricas, a partir de las cuales obtener patrones. De este modo, buscando patrones similares en otros contenidos multimedia, se puede generar contenido para las acciones de Marketing, que permitan la mimetización dentro de los clústeres sobre los que se realizan dichas acciones.

Sentiment Analysis: este tipo de análisis tiene como objetivo, conocer el sentimiento que transmite un contenido.

Se basa en utilizar los patrones obtenidos en las matrices de datos, conformadas tanto por el análisis de texto como por el análisis de contenido multimedia, a las que se les concatena una variable dependiente, que tiene las siguientes categorías {negativo, neutro, positivo}.

De este modo, por medio de un modelo de Machine Learning, se puede clasificar cada texto, imagen, vídeo, etc., con el sentimiento que transmite. Pudiéndose proceder de la misma forma que en los casos anteriores y generar, a partir del modelo, contenido con un sentimiento predeterminado.

Neuromarketing: las técnicas de Neuro-Marketing, consisten en modelos de Machine Learning que permiten clasificar, en este caso concreto rostros humanos, según la emoción que transmiten.

Se parte de una fotografía, o un frame de un video, a partir de la cual, por medio de una máscara que triangularía un rostro, se obtiene una matriz de datos. Consecuentemente, dicha matriz contiene los patrones que llevan implícitas las emociones.

A partir de aquí, según el patrón que contenga la imagen, el modelo clasificará la emociones como {asco, miedo, tristeza, sorpresa, alegría, ira, neutro}. Lo cual, siguiendo con la línea argumental de los demás apartados, se podrán generar contenidos, para las acciones de Marketing, con la emoción que se quiera transmitir en cada momento.

SISTEMAS DE RECOMENDACIÓN

La implementación de un Sistema de Recomendación es fundamental par aumentar el valor del cliente, obviamente, teniendo como consecuencia inmediata un aumento de las ventas.

Si bien las estrategias definidas por el Customer Value Model, son en sí mismas un sistema de recomendación, las acciones comerciales o promociones que se ejecutan se llevan a cabo sin que el cliente esté realizando una compra de un producto o servicio en ese momento.

Dicho lo anterior, este apartado se centrará en aquellas recomendaciones que la empresa hará al cliente cuando éste esté realizando una compra. Estos sistemas de recomendación, que podríamos denominar en tiempo real, se basan en algoritmos que siguen una serie de reglas lógicas o, también, en modelos de Machine Learning. Recomendándose la implementación de uno, u otro, según la fuente de datos de la que se disponga para cada producto en cuestión.

Historial de transacciones

Al realizar una compra, por parte de un cliente, en el ticket de compra quedan registrados todos los productos adquiridos, lo que implica una regla de asociación entre ellos, que se define estadísticamente cuándo se analizan cientos, miles o millones de tickets. De este modo se puede implementar un Sistema de Recomendación, mediante un Algoritmo, que recomiende los productos asociados al que se está comprado.

Ranking/Rating

Cada vez más los clientes tienden a valorar los productos mediante sistemas de puntuación, como pueden ser las estrella, de 1 a 5. Esto genera una fuente de datos que permite definir modelos, de clasificación (ranking) o calificación (rating), que, mediante el filtrado colaborativo (CF), permiten realizar recomendaciones a los usuarios basadas en dichas puntuaciones.

Patrones implícitos

Muchos productos dependen de una imagen, en la que se basa el usuario para adoptar sus decisiones de compra. Siendo éste un caso adecuado para implementar modelos de Machine Learning **no-supervisados**[21]. En estos casos, se obtendrán los patrones implícitos en la imagen para compararlos con los patrones de todas la fotografías, del mismo tipo de producto, que hay en la base de datos. De este modo, cuando un cliente interaccione con un producto (imagen), el sistema le recomendará un pequeño número de productos (imágenes) cuyos patrones sean lo más cercanos al producto visualizado inicialmente. Siendo una de las características más importantes de estos sistemas de recomendación, el hecho que se pueden utilizar para recomendar productos que nunca han sido comercializados, es decir, permite recomendar un producto, a la persona adecuada, en el momento de su lanzamiento.

"Los modelos de Machine Learning propuestos en este capítulo, suelen incidir significativamente de forma indirecta sobre la Demanda de los productos de la empresa, teniendo como consecuencia un impacto

---

[21] No requieren una variable dependiente o etiquetado.

sobre los **Ingresos por ventas**[22], epígrafe éste que define la descomposición de la Rentabilidad Económica –RONA– en Margen y Rotación".

$RONA = EBIT/NetAssets = (EBIT/Sales)*(Sales/NetAssets) = Margin*Turnover$

ESTRUCTURA INTERNA DE LA EMPRESA

MODELIZACIÓN DE LA ESTRUCTURA IN-TERNA

$$ROE = \left[RONA + e \cdot [RONA + i_n] \right] \cdot (1 - t_x)$$

Working Capital Requirements
Working Capital
Debt Ratio

$$e = \frac{\text{Sort–term Debt + Long–term Debt}}{\text{Net Worth}} = \frac{\text{WCR – WC + Long–Term Debt}}{\text{Net Worth}} \approx k$$

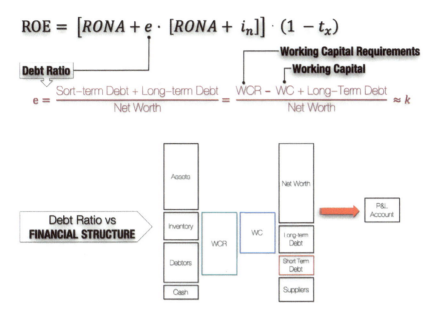

Debt Ratio vs
FINANCIAL STRUCTURE

ESTRUCTURA FINANCIERA. Masas Patrimoniales que conforman el Balance de la empresa.

El conocimiento de cómo funcional la **Estructura Interna** de una empresa, en lo que al equilibrio de sus Masas Patrimoniales se refiere, permite comprender cuales son los modelos de Machine Learning que se ha de implementar para tener un mejor control de su Equilibrio Financiero, a partir de su **Ratio de Endeudamiento (e)**.

EQUILIBRIO FINANCIERO

Existe una distribución de las Masas Patrimoniales de la empresa que, para cada periodo de actividad, maximizaría su

Rentabilidad Financiera al final del ejercicio contable y, por ende, su Beneficio. Una vez alcanzado dicha distribución, ésta se podría mantener constante hasta el final de ejercicio contable, siempre y cuando se mantuviese, a su vez, constante el Ratio de Endeudamiento. Lo que nos lleva, de forma indirecta, a comprender mejor la parte especulativa de la Rentabilidad Financiera (ROE).

Pues bien, lo primero que se debe conocer para tratar de conseguir este objetivo, es comprender cómo funciona la distribución de las Masas Patrimoniales. Y, para ello, analizaremos primero los concepto de **Origen y Aplicación de Fondos** en una empresa.

Fondos Aplicados

Los fondos de una empresa se aplican en el Activo de la misma:

- Una parte irá a la inversión en **Inmovilizado**, pudiendo ser tanto inmovilizado físico como intangible, por ejemplo una marca.

- Otra se aplicará en **Existencias**, si las hubiese, ya que puede darse el caso de una web que vende productos virtuales y, por tanto, no dispondría de existencias físicas.

- También a **Deudores**, cuando se dé el caso de cobrar, los productos o servicios vendidos, con posterioridad a haber sido entregados.

- Y, finalmente, a **Disponible**, en caso de disponer de efectivo o activos de liquidez inmediata.

De este modo, la aplicación de fondos, permite conocer, bajo este concepto, cómo se estructuran la Masas Patrimoniales del Activo de la empresa, en: Inmovilizado, Existencias, Deudores y Disponible.

Fondos Originados

El concepto de Fondos Originados, consiste en determinar de dónde han salido los fondos que han sido aplicados en el Activo.

- El primer origen de fondos se corresponde con el **Patrimonio Neto** de la empresa. Formado por el Capital aportado por los Socios, las Reservas y las Provisiones, en caso de que las hubiere.

- Otro origen de fondos son la **Deuda a Largo Plazo**. Deuda contraída con Entidades Financieras, amortizable en más de doce meses.

- Complementario al anterior, está la **Deuda a Corto Plazo**. Se trata, generalmente, de líneas de crédito o deudas con Entidades Financiera, amortizables antes de doce meses.

- Y, por último, los fondos correspondientes a las deudas contraídas con **Proveedores**. Puesto que al pagarles los productos o servicios adquiridos después de haber sido éstos puestos a disposición de la empresa, les convierte en financiadores. Denominándose a esta forma de financiación como, **Financiación Espontánea**.

Los Fondos Originados permiten determinar la estructura del Pasivo, formada por las siguientes Masas Patrimoniales: Patrimonio Neto, Deuda a Largo Plazo, Deuda a Corto Plazo y Proveedores y Acreedores.

Necesidades de Operativas de Fondos (NOF)

Las Necesidades Operativas de Fondos, son aquellos fondos que necesita la empresa para el funcionamiento de su actividad diaria.

Se calculan mediante la suma de {Existencias + Deudores + Disponible} y restándole, al valor resultante, la Financiación Espontánea {Proveedores + Acreedores}. Este resultado de las NOF, también se le conoce, en inglés, como **Working Capital Expenditure**, cuyo acrónimo es **WCE**.

Por consiguiente, cualquier modelo de Machine Learning que afecte a alguna de las masas patrimoniales que intervienen en el cálculo del WCE, influirá indirectamente en el control de este magnitud.

Fondo de Maniobra

El Fondo de Maniobra, se corresponde con los fondos de los que dispone la empresa para el funcionamiento de su actividad diaria, es decir, los fondos de los que dispone para cubrir las Necesidades Operativas de Fondos (NOF).

Se obtiene mediante la suma de {Patrimonio Neto + Deuda a Largo Plazo} y deduciendo, de esta suma resultante, el {Inmovilizado}. Denominándose a este resultado, en ingles, como **Working Capital** —WC—.

Se ha de tener en cuenta también, que en el Patrimonio Neto está integrada la Cuenta de Pérdidas & Ganancias. De este modo, los modelos de Machine Learning, que se implementen relacionados con esta cuenta, influirán indirectamente en el valor del Fondo de Maniobra o Working Capital.

Deuda a Corto Plazo

La Deuda a Corto Plazo, es la diferencia entre las Necesidades Operativas de Fondos, que hacen falta para la actividad diaria de la empresa, y el Fondo de Maniobra del que se dispone para realizar dicha actividad. Técnicamente sería igual a la siguiente resta {WCE - WC}.

A partir de aquí, queda cerrado el **Equilibrio de las Masas Patrimoniales**, puesto que el volumen de la Deuda a Corto Plazo permite igualar el Pasivo con el Activo de la empresa.

"Por medio de la implementación de modelos de Machine Learning que permitan optimizar el binomio {WCE[23], WC[24]}, la empresa conseguirá tener un mayor control de su Equilibrio Financiero".

---

[23] Working Capital Expenditure ~ Necesidades Operativas de Fondos.

[24] Working Capital ~ Fondo de Maniobra.

KEY ML MODELS→ESTRUCTURA INTERNA

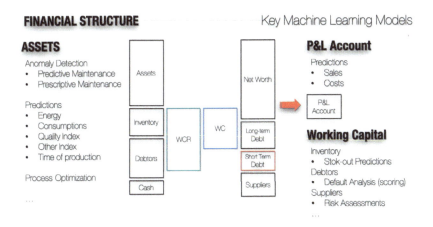

ESTRUCTURA FINANCIERA. Assets: Key Models → Detección de Anomalías; Predicciones; Optimización. **WCE**: Key Models → Rotura de Stocks; Scoring; Evaluación de Riesgos. **P&L Account**: Key Models → Predicciones.

Los modelos de Machine Learning claves en el control de la Estructura Interna de la empresa, se implementarán en la áreas relacionadas con los paradigmas que definen el **Ratio de Endeudamiento** —e—. Estos paradigmas son los más estrechamente relacionados con su **Equilibrio Financiero**, puesto que influyen directamente en la Necesidad des Operativas de Fondos (WCE) y en el Fondo de Maniobra (WC).

ESTRUCTURA INTERNA

Hemos podido ver, en el desarrollo de este capítulo, cómo se consigue el Equilibrio Financiero de la empresa. Mencionándose también que; una vez alcanzado un equilibrio próximo al óptimo, sería necesario mantener el Ratio de Endeudamiento (e), más o menos constante.

Una de las formas de calcular el Ratio de Endeudamiento, es dividiendo el sumando {WCE - WC + Deuda a Largo Plazo} por el Patrimonio Neto de la empresa. Por tanto, se puede apreciar, como este ratio depende de las Necesidades Operativas de Fondos (WCE) y del Fondo de Maniobra (WC), puesto que el WC también depende del Patrimonio Neto.

En consecuencia, convendría implementar modelos de Machine Learning que estén directamente relacionados con las Masas Patrimoniales que influyen en el cálculo de estos epígrafes:

- NECESIDADES OPERATIVAS DE FONDOS (WCE):, tenemos como masas patrimoniales críticas las **Existencias**, **Deudores** y **Proveedores**. Éstas se caracterizan por tener un riesgo implícito, de rotura de stocks, de morosidad y de aprovisionamiento, respectivamente. Por lo que, se propondrán modelos de Machine Learning relacionados con la **Gestión del Riesgo**.

- FONDO DE MANIOBRA (WC): en este caso, tenemos como masas patrimoniales al Inmovilizado y al Patrimonio Neto. Respecto al **Inmovilizado**, se proponen modelos en el ámbito de la **Gestión de Anomalías, Predicciones** y **Optimización**. Mientras que, como el Patrimonio Neto depende del **Cuenta de Pérdidas & Ganancias**, será adecuado proponer, principalmente, modelos de **Predicción**.

No obstante, lo anterior, cabe resaltar que los modelos propuestos en la Estructura Interna de la empresa, también de forma indirecta, influyen en el Margen y la Rotación, magnitudes éstas de la Rentabilidad Económica (RONA), lo que implica que influirán en el Entorno y, consecuentemente, en el Posicionamiento de la empresa.

NECESIDADES OPERATIVAS DE FONDOS (WCE)

Como ya se ha mencionado, las Necesidades Operativas de Fondos, están directamente relacionados con la gestión de las Existencias, Deudores y Aprovisionamiento, siendo este último todo lo relacionado con los Proveedores. Todas estas actividades, comportan un riesgo implícito, el cual se puede controlar mejor por medio de la implementación de modelos de Machine Learning.

Existencias

Unos de los riesgos principales que se presentan en la gestión de existencias es la rotura de stocks, el cual se puede modelizar mediante:

- **Modelos de Predicción**: en este caso suelen ser modelos de Predicción de la Demanda de producto. Al objeto de contrastar la predicción de la demanda de un producto, propuesta por el modelo, con las existencias disponibles de ese producto. Lo que permitirá realizar aprovisionamientos antes que se produzca el consumo del mismo.

- **Modelos de Clasificación**: en caso de poderse etiquetar la rotura del stock de un producto, como 1, y la no rotura como 0, se podría implementar un modelo de Clasificación con variable dependiente {0, 1} y variables independientes a definir, según las circunstancias de cada caso.

De cualquier modo, las dos metodologías de modelos de Machine Learning permitirán anticiparse a la rotura del stock, pudiendo ser implementado un sistema de aprovisionamiento que se aproxime al concepto de **just-in-time**[25].

Deudores

Cuando una empresa vende un producto o servicio, en muchos casos, ésta realiza el cobro en un tiempo posterior a la entrega. Lo que implica que está realizando un préstamo al cliente que lo ha adquirido. Y como todo préstamo tiene implícito un riesgo de impago, es cuando se hace necesario implementar modelos de Machine Learning que permitan la reducción de dicho riesgo.

En este caso es aconsejable implementar **modelos de Scoring**. Son modelos etiquetados {0, 1}, en los que el uno representa la existencia de un **Default**[26] por parte del cliente y, por consiguiente, el cero informa de que el cliente etiquetado está al corriente de pago.

Otra de las forma de trabajar con este tipo de modelos, es de forma proactiva. Esto quiere decir que, fijado un riesgo para

---

[25] https://es.wikipedia.org/wiki/Método_justo_a_tiempo

[26] Un impago o default, en finanzas, es el incumplimiento de las obligaciones legales o condiciones de un préstamo, por ejemplo, cuando un comprador no puede pagar su hipoteca, o cuando una corporación o gobierno no es capaz de pagar un bono que ha llegado a su madurez.

cada cliente, se puede poner a su disposición un crédito máximo, lo cual es un estímulo para la venta.

Proveedores (Financiación Espontánea)

Cuando la empresa adquiere un producto o servicio, y lo paga en una fecha posterior a la entrega del mismo, ésta está siendo financiada por los Proveedores. Lo que implica, que a mayor Financiación Espontánea, mayor puede ser el riesgo de desabastecimiento, por parte del proveedor, o de baja calidad en los productos entregados. De este modo, se suelen implementar modelos de Machine Learning de dos tipos.

- **Modelos de Aprovisionamiento**: partiendo del binomio {0, 1} para el etiquetado, uno como incumplimiento, y cero lo contrario, se puede predecir, en función de las características del proveedor, la probabilidad de que incurra en un incumplimiento. Sirviendo también cómo scoring para la evaluación de los proveedores.

- **Modelos de Control de Calidad**: habitualmente la calidad se suele controlar mediante muestreos sobre los productos entregados, pero con la irrupción de estas nuevas tecnologías, en muchos casos es posible determinar si todos los productos cumple con los estándares de calidad exigidos o, también, clasificarlos según niveles de calidad. Estas dos posibilidades, nos llevan a considerar un gran abanico de modelos que se pueden implementar, según sea el caso. No obstante, para simplificar, la gestión de

Proveedores admitiría tanto modelos de Clasificación como modelos de Predicción.

FONDO DE MANIOBRA (WC)

Recordemos que el Fondo de Maniobra se obtiene de restar a la suma {Patrimonio Neto + Deuda a Largo Plazo} el Inmovilizado. Y como la Cuenta de Pérdidas & Ganancias forma parte del Patrimonio Neto, la modelización en Machine Learning que se propone, en este epígrafe, es sobre esta última cuenta y el Inmovilizado.

Inmovilizado

Dentro el inmovilizado, suele estar todo lo relacionado con la Producción, de ahí la necesidad de implementar modelos de Detección de Anomalías.

- Mantenimiento Preventivo/Prescriptivo: este tipo de modelos son implementados para realizar un Mantenimiento Preventivo, que posteriormente da lugar a un Mantenimiento Prescriptivo. Se basan en técnicas de **Reducción Dimensional**, siendo, habitualmente, modelos No-Supervisados.

Evidentemente, la Producción abarca muchos aspectos y depende, fundamentalmente, del tipo de empresa y, como tal, sería innumerable la cantidad de modelos de Machine Learning que se podrían proponer. Por lo que propondré, a modo de ejemplo, aquellos que he desarrollado de forma más habitual.

- **Predicción de Consumos**: se tratará de implementar modelos que permitan predecir, por ejemplo, consumos de energía eléctrica, de agua, de combustibles o similares. Esto, tomando como ejemplo, el caso de la electricidad, facilita mucho la compra por lotes, con el consiguiente ahorro en costes de energía para la compañía.

- **Índices**: suelen ser modelos similares a los de scoring, fijando como variable dependiente, habitualmente, índices de 1 a 10 y, como variables dependientes, características del producto o del proceso de producción.

- **Gestión de tiempos**: en este caso, se suelen implementar modelos de Predicción, lo que permite saber el tiempo que se empleará en realizar un proceso determinado. Convirtiéndose en una potente herramienta para la programación de procesos productivos.

- **Optimización**: cuando un proceso de producción está bien definido y se conocen las restricciones del mismo, es posible implementar modelos de Optimización, generalmente por medio de la **Programación Lineal**[27]. Personalmente, creo que es uno de los trabajos más potentes que se pueden realizar, puesto que los inputs del modelo de Optimización pueden ser los outputs de otros modelos, como puedan ser cualquiera de los expuestos en otros apartados.

---

[27] https://es.wikipedia.org/wiki/Programación_lineal

Cuenta de Pérdidas & Ganancias

Esta cuenta, que forma parte de los Estados Financieros de la empresa, tiene como primer epígrafe el **EBITDA**[28]. Epígrafe, que de modo conceptual, se corresponde con los ingresos por ventas menos el coste de los productos vendidos. También se podría entender como; la **Demanda** {número de productos vendidos} multiplicada por el binomio {Precio de venta - Coste de compra o producción}.

Por tanto, uno de los modelos de Machine Learning más habituales que se implementan, relacionados en el EBITDA, son modelos de **Predicción de la Demanda**.

Este tipo de modelos, cuando se trata de pocos productos, no suelen tener complejidad. Pero las cosas cambian cuando se han de implementar para múltiples productos, por ejemplo para un gran supermercado. En tal caso, se ha de tener en cuenta que los productos entre sí pueden ser, debido a la elasticidad entre ellos, sustitutivos o complementarios. Esto nos lleva a la necesidad de definir un único modelo de Machine Learning que, partiendo de la matriz de elasticidades, realice una predicción simultánea para todos los productos.

Es fundamental tener en cuenta que una matriz de elasticidades con miles de productos, implicará una fuerte demanda de recursos de Big Data para poder distribuir el cómputo que demande el modelo de Machine Learning. Lo cual lo hace uno de mayores retos a los que se pueden enfrentar un Cien-

---

[28] Earnings Before Interest, Taxes, Depreciation, and Amortization.

tífico de Datos, debido a la necesidad de integrar, en un único modelo, miles de referencias de productos relacionadas por medio de su elasticidad.

"Los modelos de Machine Learning propuestos en este capítulo: suelen incidir significativamente sobre los epígrafes de Inmovilizado, Existencias y Deudores, por parte del Activo; y en la Cuenta de Resultados y la Financiación Espontánea, por parte del Pasivo. Lo que supone un impacto directo sobre el Ratio de Endeudamiento (e), sin perjuicio del impacto indirecto que también tendrá sobre el binomio {Margen, Rotación}, debido a que la Estructura Interna de la empresa y su Entorno están estrechamente relacionados".

HACIA LA TRANSFORMA-CIÓN DIGITAL

DATA SCIENCE → MACHINE LEARNIG

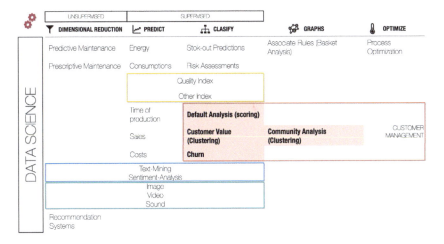

HACIA LA TRANSFORMACIÓN DIGITAL: Horizontal (Data Science): Relación de los principales modelos de Machine Learning para para llevar a cabo la Transformación Digital de una empresa; Vertical (Técnicas): Clasificación de las técnicas fundamentales en la que se basan los Modelos de Machine Learning.

Todos los modelos de Machine Learning que se han expuesto a lo largo de este libro, se fundamentan en la Ciencia de Datos. Lo que lleva a pensar en la idoneidad de que el lector conozca las técnicas principales en las que se basan dichos modelos y, de este modo, cerrar el círculo que le permita decidir que modelo es el más adecuado en cada caso y la técnica en la que ha de fundamentarse.

CONCEPTOS & TÉCNICAS DE MODELIZACIÓN

Una Transformación Digital, basada en la implementación de tecnologías Big Data y modelos de Machine Learning, requiere, como elemento fundamental, de la Ciencia de Datos. De modo genérico, esta disciplina se fundamenta en la aplicación de ciencia a los datos, concretamente desarrollando modelos matemáticos o estadísticos.

La Ciencia de Datos, como tal, tiene un componente, llamémosle de creatividad, que hace que nunca dos modelos, aunque se utilice la misma técnica para desarrollarlos, arrojen el mismo resultado si los han implementado personas distintas. Esto hace que la figura del Científico de Datos cobre relevancia a la hora de conseguir los objetivos planteados para la Transformación Digital.

Pero, aún siendo esto rigurosamente cierto, esta disciplina tiene una estructura básica de la que se parte para conseguir los objetivos, por lo que pasaré a desarrollarla en este último capítulo y así complementar lo expuesto hasta ahora.

Modelos Supervisados[29]

Entenderemos por modelo Supervisado, aquellos modelos que, para dar respuesta a al problema planteado, **requieren**

---

[29] Un ejemplo de modelo de **Clasificación** sería; un Scoring para medir la morosidad de los clientes, donde la Variable Dependiente se categoriza en {0, 1}. El 0 representa a los clientes que están al corriente de pago y el 1, a los clientes que no han atendido sus compromisos de pago —también denominado como Default—.

Mientras que, en el caso una **Predicción**, podríamos poner como ejemplo, la predicción de ventas diarias, donde la Variable Dependiente sería el histórico de ventas diarias, que son datos numéricos de tipo continuo.

de una variable dependiente o etiquetado para llevarlo a cabo.

Los ejemplos más comunes de modelos supervisados son los modelos de **Clasificación** por categorías y los modelos de **Predicción** de una variable continua.

Modelos No-Supervisados[30]

Los modelos No-Supervisados, son aquellos que **no tienen variable dependiente** y que, por tanto, sólo disponen de variables dependientes para el cálculo. Éstos suelen ser, por ejemplo, los modelos basados en **Reducciones Dimensionales** y **Clusterización no jerárquica**.

Grafos

Estos modelos se fundamentan en la **Teoría de Grafos**[31], que se basa en el estudio de las relaciones existentes entre un conjunto de elementos conectados entre sí. Cada elemento se le llama, Nodo, y la conexión entre los nodos, Aristas. De este modo se representan de forma visual conjuntos de da-

---

[30] Un ejemplo de **Reducción Dimensional** será la Detección de Anomalías en una máquina de producción determinada. Mientras que, otro ejemplo radicalmente distinto, sería la Detección de Anomalías en el comportamiento del uso de tarjetas de crédito.

[31] La **Teoría de Grafos**, también llamada teoría de gráficas, es una rama de las matemáticas y las ciencias de la computación que estudia las propiedades de los grafos. Los grafos no deben ser confundidos con las gráficas, que es un término muy amplio.

https://es.wikipedia.org/wiki/Teoría_de_grafos

tos abstractos, lo que implica una ventaja fundamental a la hora de analizar grandes volúmenes de datos, debido a la capacidad de síntesis que tienen los algoritmos que desarrollan esta teoría.

Optimización

Los modelos de Optimización están basados en la **Programación Lineal**[32]. Son técnicas que permiten maximizar o minimizar una función determinada, sujeta a restricciones. Es muy común su uso en la optimización de procesos productivos.

"Esta es una clasificación de las técnicas asociadas a la Ciencia de Datos, que, en síntesis, abarca en torno al noventa por ciento de la casuística[33] que se da en los procesos de Big Data Analytics. Procesos éstos, que implementados en las áreas adecuadas, permitirán llevar la cabo la Transformación Digital de una empresa, sobre la base de las tecnologías Big Data y la modelización en Machine Learning".

---

[32] https://es.wikipedia.org/wiki/Programación_lineal

[33] Consideración de los diversos casos particulares que se pueden prever en determinada materia.

CONCLUSIÓN FINAL

Las decisiones estratégicas de una empresa se fundamentan en la información que aporta su Pirámide de Ratios Financieros, esta pirámide se construye mediante la agregación de otros ratios de nivel intermedio y éstos, a su vez, se conforman por medio de indicadores de nivel operativo. Estos indicadores de nivel operativo suelen provenir de una actividad que se se lleva a cabo en un área determinada de la empresa, siendo, por tanto, actividades susceptibles de ser modeladas, bien mediante modelos de Clasificación, Predicción, Optimización, etc., lo que nos lleva, como consecuencia, a poder afirmar que; **los modelos de Machine Learning tienen una incidencia directa sobre los indicadores de actividad e indirecta sobre los ratios y, por ende, sobre la Pirámide de Ratios Financieros final resultante.**

A causa de esta incidencia sobre la Pirámide de Ratios Financieros se puede concluir que; **la modelización en Machine Learning, a desarrollar en las distintas áreas de actividad de la empresa, si ésta se planifica orientada a optimizar la Pirámide de Ratios Financieros de la misma, se conseguirá, no sólo su Transformación Digital, si no, que por otra parte, mejorará sustancialmente su competitividad en relación a su competencia.**

"En síntesis, se puede afirmar que la Transformación Digital es una decisión estratégica que requiere tener clara la conexión existente entre la modelización en Machine Learning y la Estructura Financiera de la empresa. Por tanto, ha de ser un asunto de responsabilidad directa de su equipo directivo, eso sí, adecuadamente delegado en los departamentos técnicos para su desarrollo, pero, manteniendo siempre su carácter estratégico".

ANEXOS

CONOCE AL AUTOR

José Luis CUBERO-SOMED. Científico de Datos especialista en Machine Learning y desarrollo de procesos de Transformación Digital. Con formación base en Ingeniería por la Universidad de Zaragoza, MSc in Finance por la ESIC Business School y Máster en Big Data Analytics por la Universidad Politécnica de Valencia, así como Diplomado en Bioinformática & Biología Computacional por la UPV y Psicología del Coaching por la UNED.

Con dilatada experiencia en el campo de la Consultoría e Investigación en sectores diversos, compatibilizando estas actividades con la de profesor de postgrado universitario y formación para empresas, en el área de la Ciencia de Datos. Encontrándome en este momento en pleno desarrollo de una nueva etapa, muy ilusionante para mí, en la que estoy poniendo a disposición de los lectores el conocimiento y experiencia adquiridos a lo largo de mi carrera profesional, para que tengan acceso a éstos de forma online. Planteándome, como compromiso personal, que el contenido desarrollado tengan una combinación de síntesis y calidad cuyo objetivo sea despertar el interés por la Ciencia de Datos en las personas que accedan a ellos.

Espero, a través de esta Serie, ayudaros a crecer personal y profesionalmente y que los conocimientos adquiridos sobre la Transformación Digital sean de vuestra utilidad.

Un cordial saludo.

OTRAS OBRAS DE LA SERIE

Esta Serie de cuatro libros sobre la Transformación Digital de la empresa está pensada para ofrecer, a todos aquellos interesados en la materia, una visión didáctica de la misma.

He procurado huir, en la medida de lo posible, de un exceso de tecnicismos al redactar los textos, buscando una orientación del contenido más cercana a un Manual de referencia. Tratando en todo momento que los contenidos le sirvan al lector como consulta o referencia a la hora de enfocar la Transformación Digital de una empresa, máxime si ésta está basada en la implementación de tecnologías Big Data y modelos de Machine Learning.

Por último, me gustaría resaltar, que uno de los objetivos de esta Serie es desmitificar que la Transformación Digital sea compleja, costosa y que requiera de una alta especialización para llevarla a cabo. Puesto que de la lectura de los libros que la componen se puede deducir cómo el conocimiento de los procesos, y la planificación de los mismos, simplifica significativamente su complejidad y permite un control de la inversión, en relación al Retorno de la misma (ROI).

A continuación, te presento una breve descripción de los cuatro libros que componen la Serie, sobre la Transformación Digital de una empresa, basada en la implementación de tecnologías Big Data y modelos de Machine Learning, por si te pudiera interesar.

1. BIG DATA ANALYTICS: PROJET MANAGEMENT. Guía rápida que muestra la metodología de trabajo para el desarrollo de procesos de Big Data Analytics.

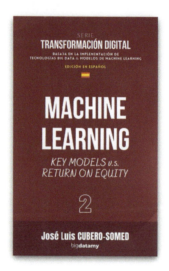

2. MACHINE LEARNING: KEY MODELS vs RETURN ON EQUITY. Guía rápida para saber cuales son los principales modelos de Machine Learning a implementar en la Transformación Digital de una empresa.

3. DIGITAL TRANSFORMATION MANAGEMENT: MASTER PLAN. Guía rápida para elaborar un Master Plan para la planificación del desarrollo de un proceso de Transformación Digital de una empresa.

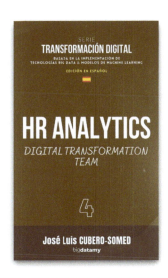

4. HR ANALYTICS: DIGITAL TRANSFORMATION TEAM. Guía rápida para conformar un equipo de trabajo especializado en el desarrollo de procesos de Transformación Digital.

MI RECOMENDACIÓN PARA CDOs, CTOs, DS & PMs

Normalmente, cuando se desarrolla un proceso de Big Data Analytics, en el que se implementa un modelo de Machine Learning para dar solución a un problema concreto, suele ser suficiente con tener conocimientos relacionados con la Ciencia de Datos para llevarlo a cabo. Por otra parte, resultaría evidente pensar, tras la lectura de este libro, que cuando se han de modelizar todas las actividades de la empresa dicha modelización cobra un carácter estratégico para la misma. Dicho esto, me permitiría recomendar, a las personas interesadas o involucradas en procesos de Transformación Digital, que incorporen a su background, evidentemente, si no lo tienen previamente, unos conocimientos básico sobre la Estructura Financiera de la empresa.

CONCEPTOS FINANCIEROS

Return On Equity (ROE): se trata de la Rentabilidad Financiera; es decir el Beneficio Neto dividido por el Patrimonio Neto de la empresa. Su maximización es el objetivo último perseguido por una empresa.

Y ésta depende a su vez de:

- **Return On Net Assets (RONA)**: es la Rentabilidad Económica que se obtiene directamente como consecuencia de la operativa diaria de la empresa.

Todos los modelos de Machine Learning que incidan en este componente, ayudarán al Posicionamiento de la empresa, en relación a sus competidores —Entorno—.

- **Apalancamiento Financiero**: corresponde al producto del Endeudamiento por el Margen Financiero Neto. En términos coloquiales, se trataría de la Rentabilidad que obtiene la empresa de modo especulativo, puesto que depende de la distribución de su Masas Patrimoniales y no de su operativa.

En consecuencia, todo modelo de Machine Learning que tenga una incidencia sobre este componente, ayudará; de forma directa, a su Equilibrio Financiero; y, de forma indirecta, al Posicionamiento de la empresa.

El hecho de tener estos conceptos claros te permitirá, puesto que los presupuestos para invertir en la Transformación Digital de una empresa lo habitual es que sean limitados, discernir mejor cuales son los modelos prioritarios a implementar, en función de los ratios que en cada caso impacten más en el ROE, evitando así asignar recursos a modelizaciones, que quizás puedan ser muy vistosas e interesantes, pero con poca relevancia respecto del aporte que hacen a la Rentabilidad Financiera para la empresa.

"El tener una visión clara de la Estructura Financiera de la empresa y de cómo ésta se relaciona analíticamente con su Entorno, te facilitará la elaboración de un Documento Director o Master Plan que te permita llevar a cabo la Transformación Digital de una empresa, sobre la base de la implementación de modelos de Machine Learning & tecnologías Big Data ".

TE PIDO UN FAVOR

Quisiera pedirte un favor, para que me ayudes a que este libro llegue a más personas, y es que lo valores con tu opinión sincera en la plataforma donde lo hayas adquirido.

––––––––––––––––––

Me gustaría contar con tu colaboración para promocionar el libro y, de este modo, poder financiar el tiempo que dedique a investigar y elaborar el material que dé lugar a la edición de nuevos libros en el futuro, siendo esta la principal razón por la que solicito tu ayuda.

Muchas gracias, y recibe un cordial saludo.

José Luis.

www.ingramcontent.com/pod-product-compliance
Lightning Source LLC
LaVergne TN
LVHW072050060326
832903LV00054B/386